FULL SCORE

WSL-07-036
＜吹奏楽セレクション楽譜＞

シンクロ BOM-BA-YE

佐藤直紀　作曲
郷間幹男　編曲

楽器編成表		
木管楽器	金管・弦楽器	打楽器・その他
Piccolo	B♭ Trumpet 1	Timpani
Flute 1	B♭ Trumpet 2	Drums
Flute 2	B♭ Trumpet 3	Percussion 1
*Oboe	F Horns 1 & 2	...Tom Tom,Tambourine,
*Bassoon	F Horns 3 (& *4)	Triangle,Bass Drum
B♭ Clarinet 1	Trombone 1	Percussion 2
B♭ Clarinet 2	Trombone 2	...Sus.Cymbal,Crash Cymbals
B♭ Clarinet 3	Trombone 3	Percussion 3
*Alto Clarinet	Euphonium	...Glockenspiel
Bass Clarinet	Tuba	
Alto Saxophone 1	Electric Bass	
Alto Saxophone 2	(String Bass)	Full Score
Tenor Saxophone		
Baritone Saxophone		

＊イタリック表記の楽譜はオプション

Spielen Musik

Winds Score

シンクロBOM-BA-YE

comp. by 佐藤直紀
arr. by 郷間幹男

© 2003 by FUJIPACIFIC MUSIC INC.

ご注文について

ウィンズスコアの商品は全国の楽器店、ならびに書店にてお求めになれますが、店頭でのご購入が困難な場合、当社PC&モバイルサイト・FAX・電話からのご注文で、直接ご購入が可能です。

◎当社PCサイトでのご注文方法
http://www.winds-score.com
上記のURLへアクセスし、WEBショップにてご注文ください。

◎FAXでのご注文方法
FAX.03-6809-0594
24時間、ご注文を承ります。当社サイトよりFAXご注文用紙をダウンロードし、印刷、ご記入の上ご送信ください。

◎電話でのご注文方法
TEL.0120-713-771
営業時間内にお電話いただければ、電話にてご注文を承ります。

◎モバイルサイトでのご注文方法
右のQRコードを読み取ってアクセスいただくか、URLを直接ご入力ください。

※この出版物の全部または一部を権利者に無断で複製(コピー)することは、著作権の侵害にあたり、著作権法により罰せられます。

※造本には十分注意しておりますが、万一落丁乱丁などの不良品がありましたらお取替え致します。また、ご意見ご感想もホームページより受け付けておりますので、お気軽にお問い合わせください。

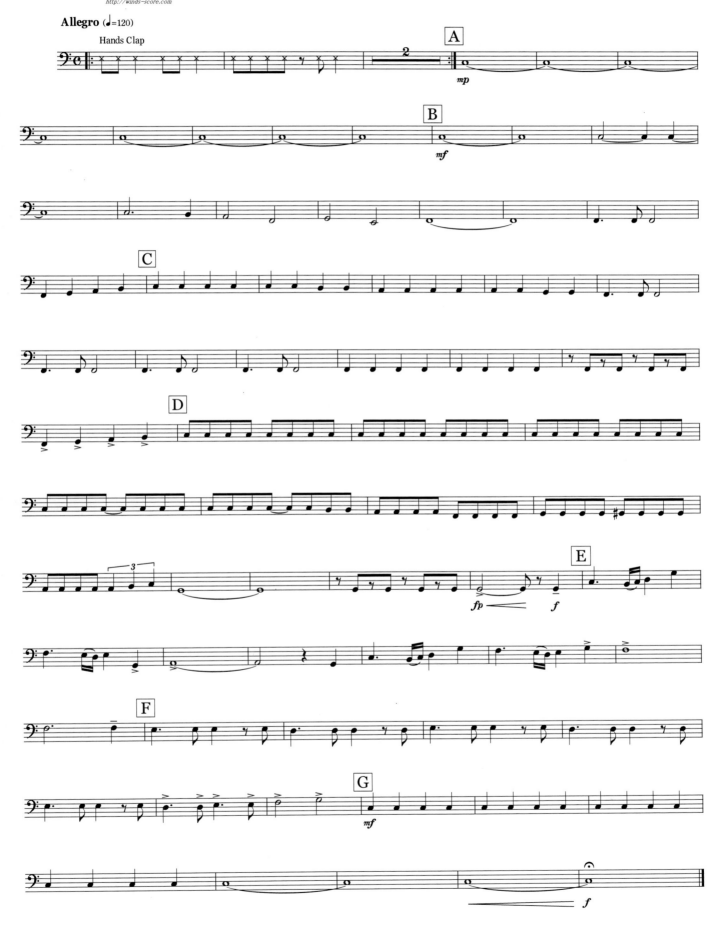

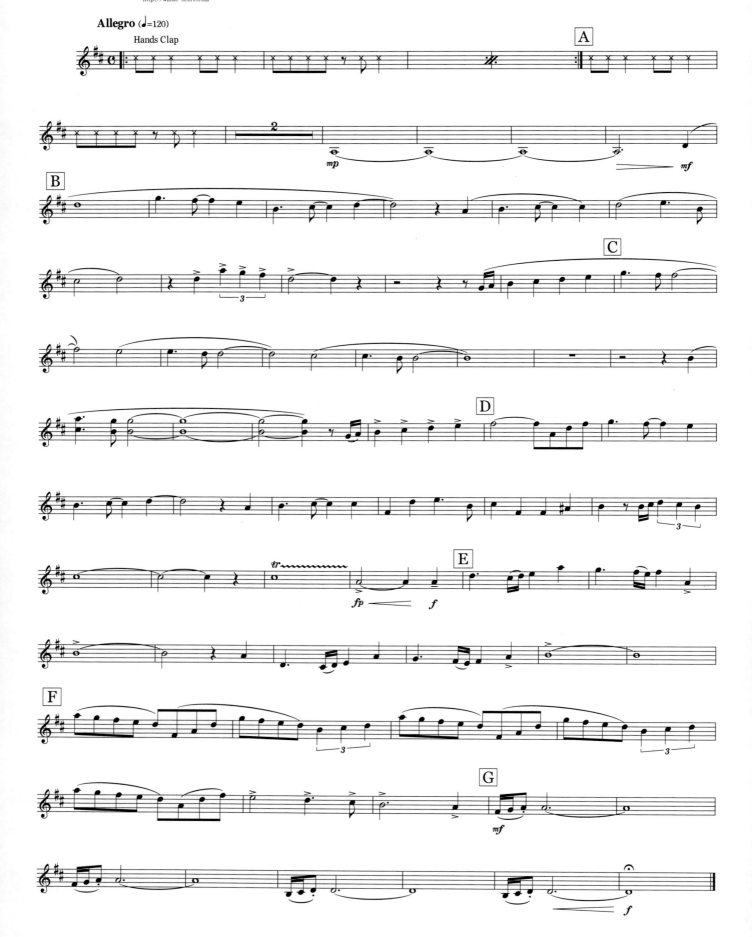

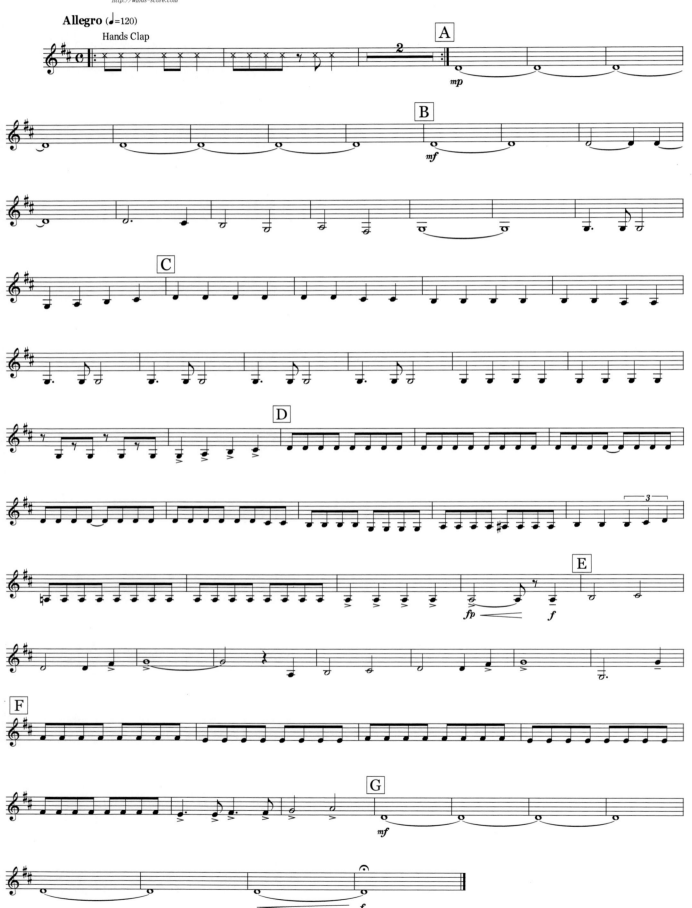

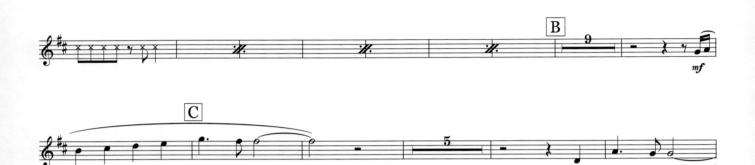

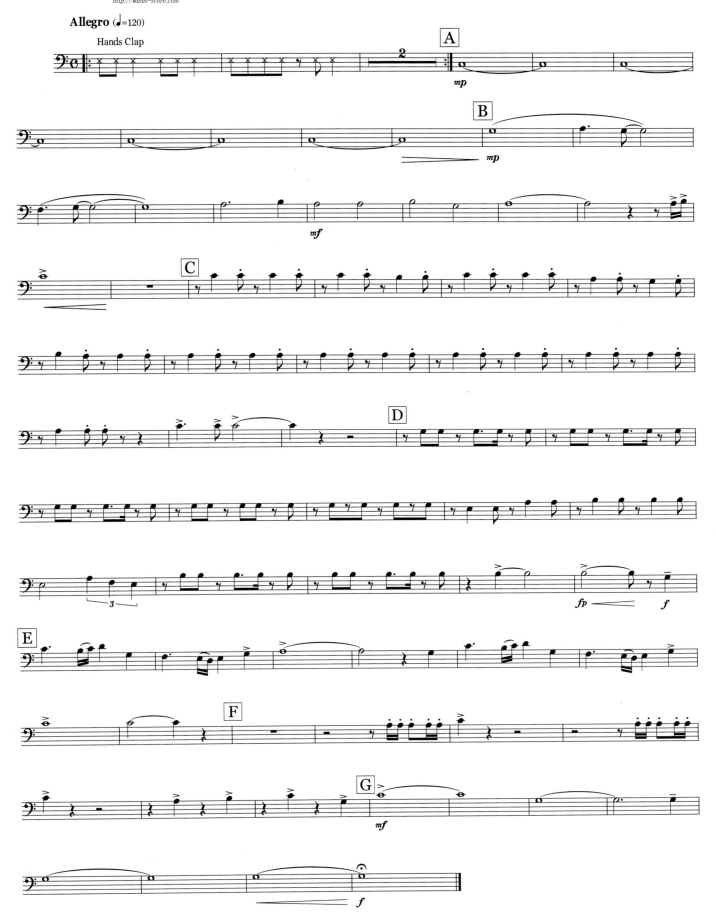

Trombone 3

Spielen Musik

Winds Score
http://winds-score.com

シンクロBOM-BA-YE

comp. by 佐藤直紀
arr. by 郷間幹男

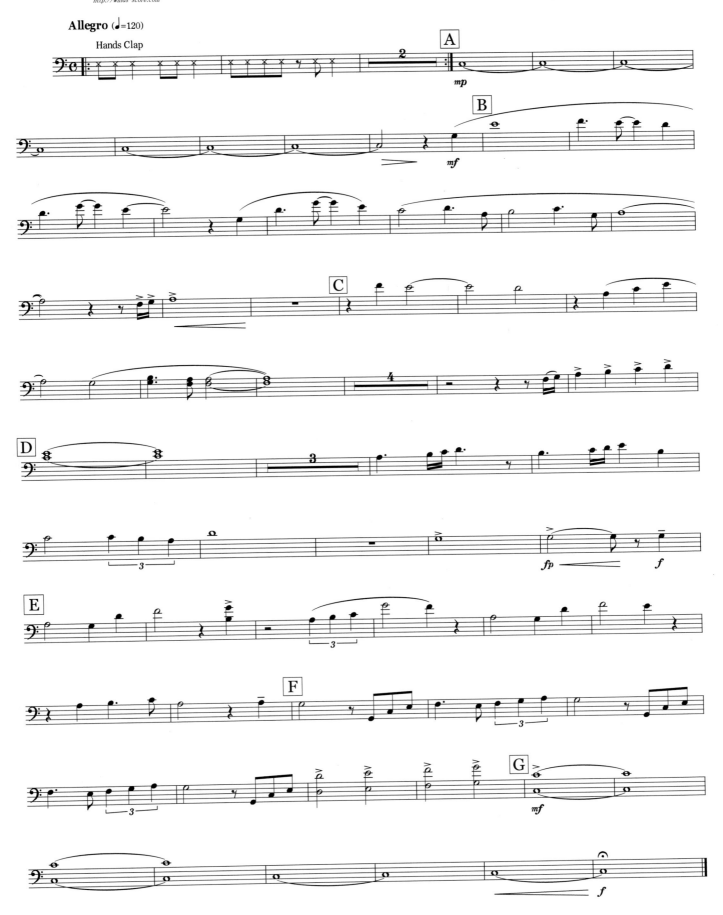

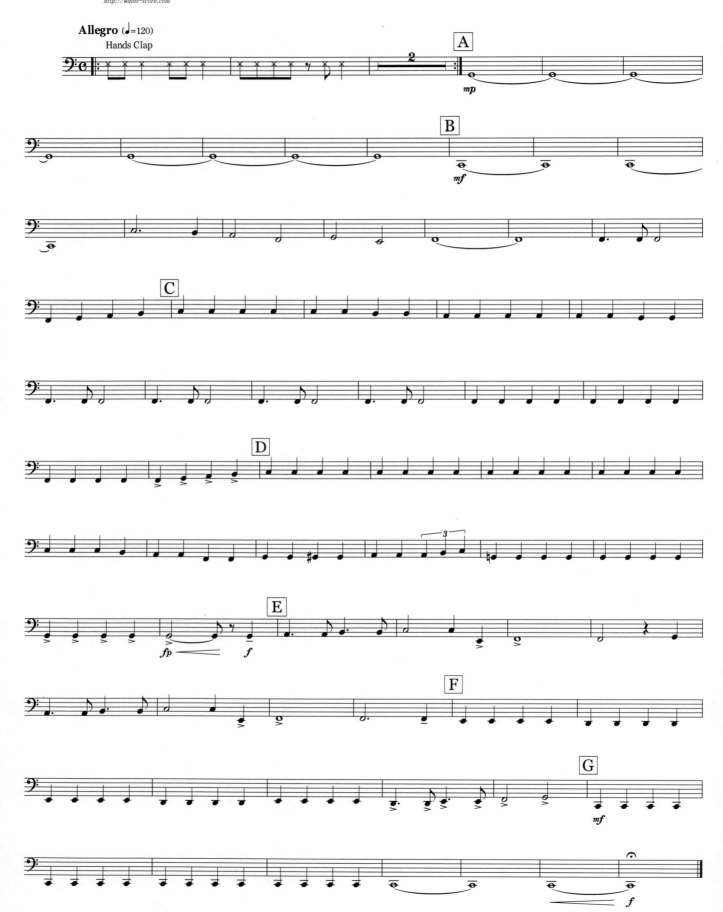

Timpani

Spielen Musik

シンクロBOM-BA-YE

comp. by 佐藤直紀
arr. by 郷間幹男

Allegro (♩=120)

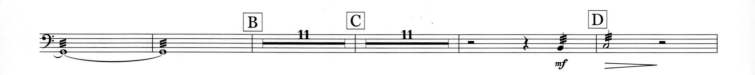

Drums

シンクロBOM-BA-YE

comp. by 佐藤直紀
arr. by 郷間幹男

シンクロBOM-BA-YE

Percussion 1
(Tom Tom, Tambourine, Triangle, B.D.)

comp. by 佐藤直紀
arr. by 郷間幹男

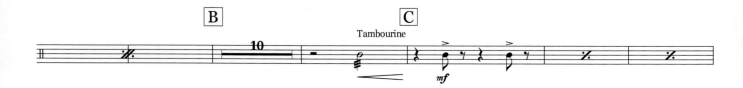
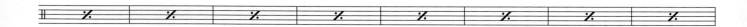

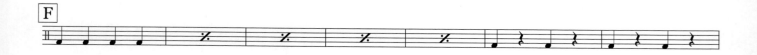

Percussion 2
(Sus.Cym.,Cymbals)

シンクロBOM-BA-YE

comp. by 佐藤直紀
arr. by 郷間幹男

Percussion 3
(Glockenspiel)

シンクロBOM-BA-YE

comp. by 佐藤直紀
arr. by 郷間幹男